CW01652129

# LLEU LLAW GYFFES

gan

ALED JONES WILLIAMS

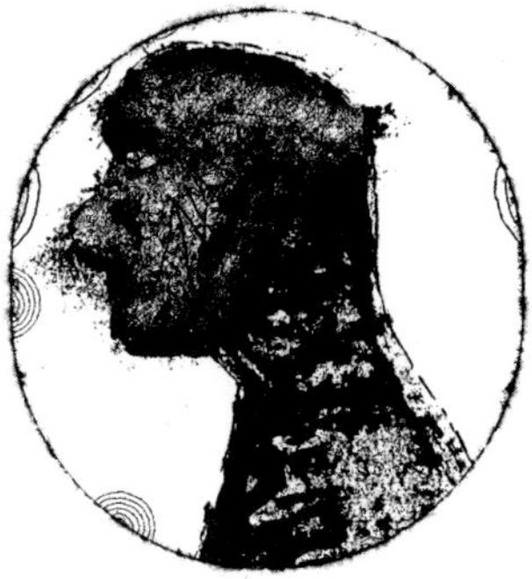

atebol

Adeiladau'r Fagwyr, Llanfihangel Genau'r Glyn, Aberystwyth, Ceredigion SY24 5AQ
Dyluniwyd gan Owain Hammonds
Argraffwyd gan WPG, Y Trallwng, Powys

ISBN 978-1-913245-08-5

Os am ganiatâd i berfformio'r ddrama hon, cysyllter â'r cwmni
Theatr Bara Caws, Uned 1A, Cibyn, Caernarfon, Gwynedd LL55 2BD
Ffôn 01286 676335 – e-bost: linda@theatrbaracaws.com

atebol

**www.atebol-siop.com**

# LLEU LLAW GYFFES

gan

ALED JONES WILLIAMS

Cafodd y ddrama hon ei chynhyrchu a'i theithio am y tro cyntaf gan Theatr Bara Caws yn nhymor yr hydref 2019.

| | |
|---|---|
| Lleu Llaw Gyffes | Sion Pritchard |
| DD | Dyfan Roberts |
| Deifiwr | Carwyn Jones |
| Cyfarwyddo | Betsan Llwyd |
| Criw | Martha Davies<br>Meilir Aled Evans<br>Cêt Haf<br>Caryl McQuilling<br>Berwyn Morris-Jones<br>Emyr Morris-Jones<br>Lois Prys<br>Carwyn Rhys Williams |
| Gweinyddu | Linda Brown<br>Mari Emlyn |

*Dymuna Bara Caws ddiolch i:*
*Cyngor Celfyddydau Cymru, Cyngor Sir Gwynedd, Cyngor Sir Ynys Môn, Cyngor Bwrdeistref Sirol Conwy, Cynghorau Cymuned Gwynedd, Môn, Conwy ac ardaloedd eraill, Rondo, engie mitsui & co, Atebol.*

RHAGAIR

# O dan Llyn Nantlle

O dan Llyn Nantlle, o dan y meddwl: yr un un lle. Y llanast yn y ddeule.

Un o ddibenion myth yw rhywfodd patrymu'r llanast gwaelodol yma i greu synnwyr ac ystyr fel y medrwn fyw yn weddol ddedwydd y rhan fwyaf o'r amser.

Y mae gwirionedd myth i'w ganfod yn y dedwyddwch mewnol y medr ef ei gonsurio yn gyntaf yn y gymdeithas sydd yn arddel y stori – ac yn hanfodol, stori hollgynhwysol yw myth yn llawn o gymeriadau mwy-na-fi/ni, nid oes dim yn ffeithiol amdano – a throsglwyddo hynny wedyn i'r unigolion sy'n cynysgaeddu'r gymdeithas honno. Yn hanfodol eto, ffenomen gymdeithasol yw myth.

Ond beth sy'n digwydd pan fo myth yn gwanio ac yn y diwedd yn torri lawr? Dyna sydd wedi digwydd i Gristionogaeth yn y byd 'gorllewinol', myth llywodraethol y byd hwnnw am ganrifoedd hyd yn ddiweddar. Sut wedyn y mae rhwydo'r llanast – y grymoedd tanddaearol ynom sy'n gallu ein dinistrio onis dofir hwy rhywsut: ein gallu i fod yn hynod dreisgar, ein rhywioldeb dros-ben-llestri weithiau?

Byd ymhle y mae myth bron wedi raflio'n llwyr yw byd *Lleu Llaw Gyffes*. Y cwbl a erys yw pytiau o'r iaith fythaidd a fu.

Rhyw ddechrau edrych ar y cwestiynau yma wneuthum i flynyddoedd yn ôl drwy gyfrwng y ddrama hon.

Cyfyd cwestiwn arall: a oes angen mythau arnom o gwbl? Tybed mai'r mythau eu hunain sy'n creu'r cwestiynau yr honant hwy eu hateb? Ac nad oes yna mewn gwirionedd gwestiwn i'w ateb? Nad oes yna unrhyw 'ystyr' i chwilio amdano? Mai'r hyn a ofynnir ohonom yw byw orau allwn, a byw'n drugarog tuag atom ein hunain ac felly at eraill?

Byddai Huw Roberts, Pwllheli – un o wŷr mawr y theatr Gymraeg – yn fy holi o dro i dro: be' ddigwyddodd i dy ddrama di am Lleu o dan llyn Nanlla? Wel dyma hi. Ac er cof annwyl am Huw Roberts y cyflwynaf hi.

Aled

# Cyflwyniad

Mae cysylltiad Aled â'r Cwmni'n un hirhoedlog a chyfoethog, a'n braint ni yw cael archwilio gwaith gwreiddiol ac unigryw gan un o'n hawduron mwyaf athrylithgar. Fel calon Lleu bu calon y sgript yma'n curo'n egwan ond penderfynol yng nghrombil cartref Bara Caws ers iddi gael ei chyflwyno i'r Cwmni gyntaf erioed, ac o'r diwedd daeth cyfle i'w thywys o'i thrwmgwsg. Braint a her yw cael gweithio ar ddrama sy'n gyforiog o syniadau, o gysyniadau, o symbolau ac o ddelweddau ac wedi cwblhau'r daith gyffrous dyma'n dehongliad ni ohoni.

Mewn rhyw fyd 'Annwnaidd' hunllefus o dan Llyn Nantlle mae Lleu a DD wedi bod yn cyd-fodoli ers cantoedd. Mae statws yr hen dduw wedi gwanhau ond gyda dyfodiad y Deifar mae'n gweld cyfle i ail-ddiffinio ei hun gan geisio sicrhau bod yr hen chwedlau a'u duwiau'n dal i fodoli ac yn parhau i fod yn berthnasol. Ond a oes grym gwirioneddol gan yr hen gredoau bellach? Ai geiriau yn unig sy'n weddill? Ai'n cyfrifoldeb neu'n hangen ni fel dynolryw sy'n mynnu creu mythau ar gyfer ein dibenion ein hunain?

Cwestiynau dwys a phryfoclyd sy'n greiddiol i'r ddrama ac mae ynddi eiliadau annisgwyl wallgof wirion sydd wedi bod yn bleser pur eu harchwilio.

Diolch mawr i Aled am ei frwdfrydedd a'i gefnogaeth i'r ddrama arbennig hon weld golau dydd o'r diwedd, ac i'r cast dewr, eofn ac ymroddedig.

Betsan Llwyd

**Lleoliad:** o dan Llyn Nantlle

**Cymeriadau:** Lleu Llaw Gyffes
DD
Deifiwr

**Set:**

*Hen gadeiriau – y math a geir mewn ambell ysgol a neuadd bentref; ambell manecwin – rhai heb bennau, eraill heb freichiau, rhai wedi eu handwyo; ffrâm drws; ceffyl pren; rhywbeth wedi ei glymu mewn bag sbwriel du; bwced dŵr alwminiwm; tair pan/set toiled; tryc bychan llawn coblynnod gardd; tryc/troli 'hud' ac arno het silc, cwningen glwt, tegan/au 'clockwork'; coeden blastig; ac yn hongian o'r to y mae cwpwrdd y medrir agor ei ddrws â pholyn neu goes brwsh llawr.*

*Goleuni egwan: cyfnos.*

*Sŵn dŵr yn dripian*

*Dylai'r ddrama, mi greda' i, symud yn weddol gyflym.*

DD: *(Yn araf)* Dwm...Dwm...Dwm...Dwm...Dwm...Dwm...
*(Yn isel)* dwm...dwm...dwm...dwm...dwm...dwm...
*(Yn uchel)* DWM...DWM...DWM...DWM...DWM...DWM...
*(Stopio'n sydyn. Mae'n codi ei law fel petai'n dweud: "Sbiwch ar hyn!" Cerdda i ffwrdd yn hamddenol-sarhaus-bwyllog)*

*Mae'r duw LLEU yn ymddangos wedi ei wisgo mewn 'long-johns'. Mae cadach wedi ei glymu rownd ei geg. Daw i'r fei yn wyllt gan wneud nadau. Mae o'n trio siarad: un neu ddwy neu dair 'Mm!' hir a phoenus. Mae o'n tynnu'r cadach.*

LLEU: *(Edrych ar y cadach)* Pam na faswn i wedi meddwl gneud hyn'na'n gynt?... Ma' 'na 'chydig ar ôl... 'chydig o betha'... clwt o dir... 'chydig o eiria'... tybad?... 'chydig ohono' i *(Rhedeg ei ddwylo ar hyd ei gorff)* ... oedi yn y co' yn bell bell... yn ddu bitsh fel eboni... crafu 'mhen... pa flwyddyn?... pwy?... lle?... Cymru!... Cymru! *(Mae'n chwerthin)* Cofio fan'no?... cofio hynny... fam'ma!... yr ha' hwnnw... pa ha'? ... 'fory! *(Chwerthin)*... Wele!... Be' sy' wedyn?... Be' sy?... Uffernol... *(Ceisio cymryd cam pwyllog/symud yn araf)*... Feiddia' i... Feiddia' i?... Trio deud efo be' sgin i yn weddill... *(Fel hogyn bach ysgol yn darganfod gair am y tro cynta')* Hotpoint!... *(Chwerthin)* ... Feiddia' i?... 'Chydig o eiria'n aros...

*LLEU yn sbio am i fyny. Ymestyn cledr ei law i arwyddo ei fod o'n chwilio am ddafnau o ddŵr. Gosod bwced alwminiwm o dan y dŵr. Yn sydyn mae o'n neidio ar y ceffyl pren, gafael yn yr awennau a siglo'n gyflym.*

LLEU: Hia!... Hia!... Hia!... Hia!... *(Sbio o'i ôl yn ffyrnig. Yn gyflymach)* Hia!... Hia!... *(Sbio o'i ôl. Yn ffyrnicach)* Hia!... Hia!... Hia! *(O'i ôl eto. Yn fwy ffyrnig fyth)* Hia!... Hia!... Hia!... Hia! ... Wê boi!... Wê!... Wê!... Wê!... Ma' nhw 'di mynd... 'Di mynd... *(Estyn potel o dabledi a sbectol. Gosod y sbectol am ei drwyn. Darllen iddo'i hun)*... Dim rwan... DD!... *(Yn uwch)*... DD!... *(Mae'n dod i lawr o'r ceffyl)*

*Â LLEU i estyn penwisg rwysgfawr, a'i gwisgo. Daw DD i mewn yn tynnu ar ei ôl dryc isel, yn llawn coblynnod gardd* (garden gnomes). *Gesyd y tryc o flaen LLEU. DD yn aros. 'Aros' rhywun sydd wedi gweld hyn i gyd o'r blaen.*

LLEU: *(Yn gwenu ar y coblynnod, yn dyner iawn, ac yn gwyro i'w cyfeiriad)* Blant bychain chwi o ychydig gwael eich gwedd yng nghôl y bwystfilod rheibus o'r bryniau tywyll niwlog na waherddwch iddynt dorri'r egin mân i lawr ar y dydd cyntaf o'r wythnos gwyn eich byd gwyn eich byd ac y dywedant oherwydd myfi yw myfi yw yn canu yn y mellt er nad yw 'mhen ond gwellt gwelodd mai da-da oedd tu hwnt i gariad gwragedd gydag awel y dydd am ei dyner addfwyn ŵyn eloi eloi rêl boi Jac a John a Jill a Moi a ymadawodd â'r fuches hon a sefyll rhwng yr hurtrwydd a hi eto'n dywyll cyfod a Rabboni ia ti yw ti yw maddeued duw fy llau y rhai sydd ganddynt i Macpela ar ein hyd gorffennwyd ac ephatha be' ti'n ddeud efalla; amen a thorri'r piser ger llaw amen ac amen i Abram o'r cerrig amen atishw atishw they all fall down...

*LLEU yn codi'n urddasol. Sefyll yn ei unfan. DD yn mynd am allan gan dynnu'r tryc ar ei ôl. Ar ôl ychydig DD yn fferru gan sbio am i fyny. Ar lefel uwch mae'r golau wedi codi ar DEIFAR – 'wet suit' amdano, placard protest yn ei law – y placard wedi malu ond medrir darllen y gair "Dim...". Y mae DEIFAR naill ai wedi marw neu'n anymwybodol. DD yn chwibanu ar LLEU ac yn amneidio i gyfeiriad DEIFAR. LLEU yn tynnu ei benwisg.*

DD: Ma' ti un ohonyn' nhw... Feddylis i 'im 's'a 'na 'r'un 'di dwad i lawr mor ddyfn a hyn mor sydyn...

LLEU: *(Ar ei bengliniau o flaen DEIFAR, fel petai'n gofyn am gardod)* Rwbath at yr hen dduwia', syr... at yr hen dduwia'... yr hen dduwia sâl... Rhiannon yn llawn rwmatig ac yn drysu pawb ar y ward... Branwen yn y ward arall yn paldaruo rwbath am ddysgu adar bach i adrodd... Bendigeidfran 'im hannar y dyn buo fo... 'Da chi am i mi 'neud gwyrth fach i chi, syr... am gyfraniad bach... Efnisien yn mwydro'i ben am ryw gyffyla'... a'i fod o'n mynd i osod uffarn o fet... two hundred to one... ar un ohonyn' nhw... a Gwydion yn deud yr un un hen stori drosodd a throsodd a byth yn cofio'r diwadd... Pryderi... cr'adur yn gryndod drosto i gyd yn sôn am ddim byd ond am facon... bacon o fora gwyn tan nos... Rwbath at yr hen dduwia', syr... Pwyll!... dyna'r union beth y mae o wedi'i golli... A finna'!... Sgid gachu ar ban toilet... Ond dwi'n dal wrthi... G'neud 'y ngwaith... Trio ngora'... Goleuo petha'... *(Mae'n estyn tortsh nad yw'n gweithio, ei chwifio o gwmpas, taro'r dortsh yn erbyn cledr ei law, ei rhoi wrth ei glust)* Damia!... Rwbath at yr hen dduwia', syr... Rwbath...

*Gydag urddas a hyder anhygoel mae o'n ymsythu, clecian ei fys a'i fawd, dal ei law ar agor i gyfeiriad DD sy'n rhoi 'hudlath wych' yn ei law. LLEU yn cerdded o gwmpas DEIFAR yn bwyllog, sylwgar, oedi a syllu, ar fin dweud rhywbeth, ar fin codi ei hudlath, oedi...*

LLEU: *(Yn codi ei hudlath yn awdurdodol)* Yn enw... *(Colli ei blwc)*... *(Ag awdurdod)*... Hocws *(Ail-feddwl. Yna'n ansicr)* ... Abra... *(Yn gyflym)* ... Yn y dech'... Cydab... *(Oedi. Yna'n awdurdodol)* Lasarus!... *(DD yn mynd allan gan dynnu'r tryc ar ei ôl. LLEU yn pendroni)*... Dixit... Domino... O'r cerrig hyn... *(I wyneb DEIFAR yn gyflym)*

Papur pumpunt a phapur degpunt,
Eira, tes, glaw a chorwynt,
Diffodd, daffod a hannar coron
Byw a marw, swêj a moron.

*Saib.*

Fel ni i gyd...

Teigars, llewods a gorilla
Dynion tew a dynion tena'
Giât ac adwy, broc ac oen
Mynd a dwad, glaw a phoen.

*(Â phenderfyniad cadarn gan sefyll o flaen DEIFAR, ei hudlath wedi ei ymestyn yn awdurdodol)*

Chwadan a sbeis
Durex a reis.
Diafol mewn cae –
Ty'd allan o'r ffau!

*(LLEU yn sbio i edrych a wêl o symudiad o gyfeiriad DEIFAR. Dim byd. Yn awdurdodol:)*

Bwtwm bol a channw'll llygaid
Saith hen nain a dwsin o bryfaid
Gwinadd traed a chachu dafad
O dy fag'ddu w't ti'n dwad!

Tylla'n 'y ngwadna'
Tylla'n 'y sana
Tylla'n 'y mhethma
Hei, boi, ty'd o'r lle 'na!

*Wedi digalonni.*

*Yn sydyn mae DEIFAR yn dwad ato'i hun.*

LLEU: *(Gweiddi mewn dychryn)* Arglwydd!

DEIFAR: *(Yn llafarganu ei brotest)* Na! Na! Na!... Na! Na! Na!... Na! Na! Na!... *(Mae'n gweld LLEU)*... Developer!... Security guard!... Be' ti 'di 'neud efo Rhiannon a Goewin... Lle ma' nhw?... Pwy sy'n talu dy gyflog di?... Y Toris?... Ti'n dwad i fa'ma efo dy bres a dy addewidion... Andwyo'r tir... llygru'r llyn... Swyddi am flynyddodd i ddwad medda' chdi... Cyflog ceiniog a dima, hefo'r pwyslais ar y dima... Gwaith ac arian... Pa fath o blydi gwaith... Llnau toilets ar 'ch hola chi... Hel 'ch sbwrial chi... Llnau caffis... Cowtowio i berchnogion y cychod... pobol Royal Berkshire... a Kent... the garden of England... and the South Downs... Lovely yacht, sir!... do you mind awfully if my dirty

Welsh hands can touch your lovely yacht, sir... and while I am at it can I touch your wife's lovely arse, sir... Diock n Vaw, syr... Gadwch lonydd i Lyn Nanlla fel ag y mae o... fel ag y mae o... A Rhiannon a Goewin... lle ma' nhw?... lle ma nhw!

LLEU: Lleu ydy'r enw... Lleu Llaw Gyffes *(Rhwbio'i law yn ei ddillad a'i hestyn i DEIFAR)* Yr Ambidybldecyrs... Duw wrth ei dras... Duw wrth ei anian... Duw wrth ei alwedigaeth... o dragwyddoldeb i dragwyddoldeb... Croeso i fy nheyrnas... bererin...

*DD yn dod i'r amlwg yn llusgo sach.*

DD: *(Heb weld fod DEIFAR yn 'fyw' a gan gyfeirio at ei sach)* Dwy sbîd bôt... Uffar o glec... Uffar o lanasd... Coes... Y propelar ma' siŵr... Clean cut... fel machine bacon... Coes hogan... Siapus... Biti... *(Rhyw lun ar chwerthin)*. Be' ARALL ga' i o hyd iddo fo heddiw dybad?... Un peth na dwi 'rioed 'di ga'l hyd iddo fo ydy pen-ôl gyfa'... Un foch, do... Ond tîn gyfa' 'rioed... Y twll... 'geinia' o weithia'... Ma'r lle 'ma'n llawn o dylla tina sti...

DEIFAR: Ia... Wel mi â i ta... 'Sa chi mond yn dangos y ffor' allan i mi...

*Saib – LLEU a DD yn sbio ar ei gilydd.*

DD: *(Wrth DEIFAR)* Ti 'di...

LLEU: *(Yn gadarn ffyrnig)* Shd!

DEIFAR: Ffor' hyn?

LLEU: Yy... Lly... 'Sa' 'im gwell i chi... d'w'ch... ymm!...

DD: Restio!

LLEU: Ia!... 'na chdi... restio!...

DEIFAR: Ond ma' gin i waith i'w gyflawni... *(Llafarganu)* Na! Na! Na!... Na! Na! Na!... Na! Na! Na!... A Goewin a Rhiannon... Be' amdanyn' *nhw*...

DD: Mi ga' i hyd iddyn' nhw...

LLEU: 'Rargian nes i 'im sylwi o'r blaen... Siwt deifar sy' gynno chi amdanach... Un neis 'dy hi hefyd... Nes di sylwi DD... Siwt deifar amdano fo... Ma' raid ma' deifar oedd o...

DD: Duw ti meddwl?... O'n i meddwl mai bwtshar oedd o?...

LLEU: Dyna o'dd dy job di ia?... Deifio...

DEIFAR: "Oedd"?...

LLEU: Naci... Ti 'im yn dalld... "Ia" ti fod i ddeud... neu "Naci"... Dydy "oedd" ddim yn ramadegol gywir... "Deifar oedd dy job di?", ddudas i... Rhaid i chditha atab y cwestiwn yna efo "Ia" neu "Naci"... Fedri di ddim deud "Oedd"... Ti'n dalld be' sy' gin i...

DEIFAR: Ond mi ddudas ti "oedd"...

LLEU: Naddo... Chdi ddudodd "oedd"... pan mai "ia" oeddat ti i fod i ddeud... neu "naci"... Ond gan fod gin ti siwt deifar amdanat ti... "Ia" ma'n siŵr ddylsa ti fod wedi'i ddeud ac nid "naci"...

DEIFAR: Ond "oedd"... "oedd dy job di"... Dyna be' ddudas di... Y gorffennol "oedd"...

LLEU: *(Yn rhyw lun ar chwerthin)* Ia... 'na chdi... 'na chdi...

*Saib fer.*

LLEU: *(Yn wynab DEIFAR)*
Mynd a rhoi'r gora'.
Llond 'n haffla.
Halan a phacia.
Lacrima. Dacia.

Ffor' hyn? Ffor' acw?
Maharan a tharw!
Piso bwrw!
Tywydd garw!

DEIFAR: Y ffordd!

DD: Deud y gwir wrtho fo...

DEIFAR: Y gwir!... Pa wir?

LLEU: O! Fod y ffor' 'di cau!... Myfi yw'r gwirionedd.... 'D y' hi mond ar agor am awr bob dydd... O ddau tan dri... A ma' hi rwan yn hannar awr... wedi... *(Saib fer)* ... pedwar *(Gwenu)* ... Felly ma'r ffor' ar gau... Myfi yw'r ffordd... A rhaid i chdi aros yma tan... 'fory... Aros dros nos... *(Saib)* ... Dalld?...

DEIFAR: Ond mi agora' i'r giatia'... torri'r drysa'... malu'r ffensys... Dwi 'di hen arfar...

LLEU: Giatia'?... Pa giatia'?... Do's 'na 'im giatia'... na drysa' chwaith... 'Mond dŵr... Ma'r dŵr 'di golchi dros y ffor'... 'D'os 'na ddim ffor'... 'Mond am awr bob dydd o un tan ddau... os w't ti'n lwcus... ella... A ma' hi rwan yn hannar awr wedi pump...

DEIFAR: A mi fydd Rhiannon a Goewin... Dau o'r gloch 'fory ddudsoch chi?...

LLEU: *(Rhyw chwerthin)* Ia... 'Na chdi...

DD: *(Yn wincio ar DEIFAR)* Dau o'r gloch... 'Wbath fel'na... Give or têc...

DEIFAR: *(Wrth LLEU)* Pwy ddudsoch chi oedda' chi...

DD: Foneddigion a Foneddigesau... Y Duw Lleu!... Yr Ambidybldecyrs!... Lleu! Lleu! Lleu! *(Ei ddyrnau yn yr awyr fel petai o'n ceisio tynnu hysteria o dorf)* Lleu! Lleu! Lleu!... Lleu! Lleu! Lleu!... Lleu! Lleu! Lleu!... Y Duw Lleu a'r Awr Fawr... Gwyrthiau 'galore'...o flaen 'ch 'very' llygaid... Rhowch groeso... Y Duw Lleu a'r ferch ifanc... Branwen!... W! Branwen... *(Does dim merch ifanc)*

*DD yn gwthio bwrdd â bylbs letrig gwahanol liwiau o'i gwmpas o at LLEU.*

LLEU: *(Yn gyflym – rêl perfformiwr)* Branwen... yr het!... *(Mae'n gafael mewn het silc)* Diolch Branwen!... Ac o het ddu galad marwolaeth fe ddaw... Cwningen Bywyd! *(Mae'n tynnu cwningen glwt allan a'i thaflu dros ei ysgwydd)* Heddiw bygro'r baglau... Atal yr atal deud... Ta-ta cricmal-â... Canslo'r cansar... T.B. or not T.B. ... Coronory ef yn ben... Dyma le gwyrthiau... Lle Lleu... *(Rhy ei law ar un o'i lygaid)* O! Dwi'n ddall... dwi'n ddall... dwi'n gweld dim... Be' 'na' i, dwi'n gweld dim... *(Tynnu ei law o'i lygaid)* Dwi'n gweld! *(Sbio o'i gwmpas)* Dwi'm isio gweld petha' fel hyn... *(Cydio yn un o'i goesau gerfydd ei ffêr a dechrau hopian)* 'Mond un goes... Alaeth pethau... 'Mond un goes... Y rhyfal!... Y rhyfal!... 'Land mine'! *(Mae'n troi rownd a rhoi ei goes i lawr)* Rwan dwy... 'One down carry two'... Wedi'r loes... dwy goes... *(Pesychu'n ofnadwy. Stopio)* Dwi'n well... Dwi'n well... Methu ca'l plant?... Branwen!... Branwen!... Lle yda chi Branwen? ... Na dim rwan Branwen... Yn twllwch 'da chi'n gneud petha fel'a... *(Mae'n cogio rhoi chwip din fach iddi)*... O! ma' hi'n hen beth bach goman... Ma'r lle 'ma'n wyrthia' byw...

*Cymryd arno anelu dart at fwrdd dartia, taflu'r dart.*

Rhif un lot o glun
Mendio llo a mendio dyn...

*Anelu eto. Taflu.*

'Show a leg' rhif deg
Trwsio trwyn a thrwsio peg...

A'r wyrth ola'... y wyrth fwya'...

*Mae'n estyn tegan 'clockwork'.*

Anadla ar yr esgyrn sychion hyn!

*Mae'n chwythu a chwythu a dechrau weindio'r tegan cyn ei ollwng ar y bwrdd.*

Mae bywyd yn gyforiog... Dwi'n creu... Fi ydy'r duw Lleu... Yr Ambidybldecyrs!... Mae bywyd yn gyforiog hyd y lle 'ma... *(LLEU yn mynd at DEIFAR sydd wedi bod yn dilyn y sioe yn hurt hollol. Rhy ei law ar ei ben.)*

LLEU: *(Sibrwd)* Cau dy llgada... Cau nhw... Cyfra i dri... a dymuna ddymuniad dyfna' dy galon... Y?... Y?... Ia?... Ia?... Ia!... Nachdi... Glywis i... A mi cei di o... Isio beic... Isio beic gin y duw Lleu... Uffar o 'Raleigh' mawr... O cei siwr dduw... un glas a coch... Medru!... Medru'n tad... Ar hyd yr hen lonydd bach culion a'r gwrycho'dd yn dew o floda'r ha'... a dail... dail fel llawia'... y tiars yn byrstio'r swigod tar... pob man yn gynnas... ti'n agor dy grys... ma'r awel yn mwytho dy gnawd di... a mi w't ti'n cyrra'dd... cyrra'dd Dinas Dinlla... a phawb yn y dŵr... chditha'n beicio'r tonna'... i fyny a lawr... hyd nes cyrra'dd y Gaer... Caer Arianrhod... yn wyn... yn glaer wyn fel 'icing' yn y dŵr... Cei siŵr... *(Yn frwnt rhywsut)* Cei'n tad... Mi gei di feic *(Ei daflu i'r llawr)*

DEIFAR: *(Yn rhuthro at Lleu)* Y basdad i chdi!... Y basdad!... Gâd i mi fynd o fan'ma... Gollwng fi'n rhydd... W'n i ddim pwy w't ti... Ond sgin neb hawl i gadw neb arall yn groes i'w 'wyllys... 'N enwedig riw nytar fel chdi...

LLEU: *(Yn hamddenol)* Witsia di rwan... Ma' rhaid i mi gymryd 'y nhablets... Ma' rhaid i ddyn sy' 'im yn gall wrth dablets... Po fwya' o dablets mwya'n byd 'im yn gall w't ti... *(Estyn tabledi o'r bwrdd)* ... Be' mae'r botal yma'n 'i ddeud dwa'?... Tair bum gwaith yn dydd *(Llyncu)* ... at y psychosis... A hon?... chwech ugian o weithia'n dydd at yr hen beth' 'na yn 'y mhen i yli *(Llyncu)* ... A hon?... Dwi 'im yn gweld yn iawn... Aros di am bach... 'Ma ni... Saith bum gwaith yn dydd... Rhag ofn i mi 'neud petha' gwirion efo cyllill a ballu *(Llyncu)* A hon? *(Darllen)*... Bedar gwaith yn dydd... "To counteract the psychosis pills." *(Llyncu)* Hon? *(Darllen)* Tair naw gwaith yn dydd, "To counteract the pills that counteract the counteraction of the counteraction before the counteraction of the initial counteraction..." *(Yn dyner)* A hon? *(Anwylo'r botel)* Hon... *(Yn galed)* "...tablet ta-ta... Dosage, mond un... Pryd?... Whenever for ever... Well i mi chymryd hi a finna 'im yn gall...

Be' ti'n 'i ddeud? *(Dal y botel uwch ei ben, agor ei geg, gadael i'r bilsen ddisgyn i'w geg. Saib)*... 'I'm byd yn digwydd... Sampl o'dd hi ma' raid... *(LLEU yn teimlo'i byls, teimlo ei wddf, teimlo ei ben, teimlo ei galon)* Damia!... Be' sy' dwa?... 'Ys di be' sy', 'da ni 'di marw'n barod ond 'da ni ddim 'di sylweddoli... Rêl Cymry de... ar ôl bawb arall... Witsia!... Arglwydd witsia!... Iesu!... Iesu! *(LLEU yn cydio yn ei wddw fel 'tae o'n tagu, gwneud synau, ei wyneb o'n goch fel bitrwt, mae'n disgyn. Saib)*

DEIFAR: *(Wrth DD)* Rêl comidian hwn.

DD: Ti'n meddwl...

*Saib.*

DEIFAR: *(Chwerthin yn nerfus)* Hei ty'd o'na... Paid â chwara'n wirion... paid â chwara' lol... *(DEIFAR yn procio LLEU)*

DD: *(Yn tynnu ei esgid)* Mae o 'di mynd. *(Gesyd ei droed o dan ei drwyn)*... Gonar. Mond 'wbath 'di marw fedra ddiodda ogla'n sana' i. Sbia, 'im byd. *(Ysgwyd ei droed nôl a blaen o dan drwyn LLEU)*. Mae o 'di bod ar y marjin e's blynyddo'dd 'sti... Ty'd... Cym' di draed o... gymra inna' 'i 'sgwydda fo... Barod? Un... dau... tri... *(Codi LLEU dros ysgwydd DEIFAR)* Wel 'rhen ffrind... Be' 'yda' i...

DEIFAR: ...ond mai dyn o'dd o 'di'r cwbwl...

DD: Ti'n siomedig?

LLEU: *(Deffro'n sydyn a neidio lawr o gefn DEIFAR)* Hei! w't ti isio'r bulsan ta-ta? 'Dwti'n lwcus ma' Duw ydw i... go iawn... Dyna w't ti isio i mi fod yn de?... Y?... Ond na fedri di ddim cweit ffeindio dy ffor' i gyfadda hynny... Ma' 'na lais bach yno chdi lawr-lawr-lawr yn fan'na... 'Da ni gyd yn creu'n gilydd 'sti... Pwy weli di wrth sbio arna' i...

DEIFAR: A phawb yn goro chwara' dy gêm di... Dwi'n gwbod... Mi o'dd 'nhad fela... Dwi'n gwbod...

LLEU: O!... Felly... Ti'n gwbod... Glywis di, DD?... Ma' o'n gwbod... Ond be' ma' dy galon di am i mi fod... Y?... Be' ma' dy ddychymyg di isio i mi 'i ddeud wrtha ti?... Be' ma' fan'ma yn 'i ddeud wrtha ti? *(LLEU yn plannu ei law i gŵd DEIFAR nes fod hwnnw yn dolennu)*... Fyddi di'n gwrando ar betha' felly... Ma'r petha' rhyfedda' fyw yno' ni... Lawr yr hen risia'... *(Llaw LLEU ar war DEIFAR yn ei orfodi i'r llawr)*... Ty'd yn is... Watsia dy droed yn fan'na!... Be' o'dd hwnna dwa'?... Ty'd yn is... Weli di 'wbath?... A sbia i lawr i fan'na ta... Sbia... Weli di ola'r gannw'll 'na yn mynd ar hyd y pasejis cul, trofaus?... Pwy sy'n cnocio ar y parwydydd?... Be' ydy'r syna' y tu ôl i'r muria'?... Pwy sy'n sgrechian?... Pwy sy'n sbecian?... Pwy sy'n igian crio?... Pwy sy'n rhedag 'i gwinadd o'r tu ôl i'r palis?... Glywi di sŵn y sgriffio?... Pwy sy'n sibrwd petha'?... Weli di'r llygid yn y cracia'?... Yr anadl ar dy war di a neb yna... Deimli di o?... Dos yn gyflymach... yn gyflymach... a phaid a throi rownd i edrach... Ma' 'na betha' uffernol yno ni... Lle ti'n feddwl ydy fan hyn?... Y?... A phwy dda'th a chdi yma?... Ti'n gwbod yn iawn... *(DEIFAR yn gosod ei ben ar ysgwydd LLEU)*... Shd!... Shd... *(LLEU yn cofleidio pen DEIFAR)* ... Ti'n dalld rwan?... Be' ydy'r llunia' sy' gen ti?... Be' 'dy'r llunia'? ... Shd!...

*Daw DD i mewn yn cario llif tjaen* (chain saw).

DD: *(Wrth DEIFAR)* Newydd ddyfodiad!
Croeso!
Helo!
Deud 'helo' yn ôl...
Ddim isio bod yn ffrindia'.
Tjiclyd!
*(Wrth LLEU)* Majesty!

*DD yn rhoi blaen y llif ar wefus DEIFAR.*

Sugna fo!
*(Wrth LLEU)* Su'ma' 'i?
'N 'o lew?

LLEU: *(Yn solat fel soldiwr, yn syth fel brwynen)* Iawn.

DD: Mae o'n iawn! Iawn w't?

LLEU: Mm.

DD: *(Wrth DEIFAR)* Braf yndi!
Ffwcin braf yndi!
Yndi!

DEIFAR: Yndi.
Ma' hi'n braf!
Ffwcin braf!

LLEU: *(Yn stiff fel procar, ei ddyrnau yng nghau wrth ei ochrau. Rhwng ei ddannedd:)*
Pistons car a refio'r injan
Llygad tjeni a phendil pidlan
Cicio'n sodla rownd y byd
Ma' dy dîn di'n blymonj i gyd.

DD: *(Wrth LLEU)* Gwalld neis gynno chdi... Neis!
*(Am DEIFAR)* Pen sgid ydy hwn.
*(Wrth LLEU)* Isio 'hair cut'!
Ffwcin 'hair cut'! *(Rhwbio'r llif hyd ei gorun.)*
'Hair cut'!
Neis cwarfod eto. Neis!
Neis.
Ffwcin neis!

LLEU: Ydy neis.

DD: *(Wrth LLEU)* W! A! Ta!-Ta!

*DD yn mynd allan. Saib.*

| | |
|---|---|
| LLEU: | Ma' gin hwnna'n ofn i sti... |
| DEIFAR: | *(Yn amlwg wedi ei gynhyrfu)* Arglwydd oes? |
| LLEU: | Gwbod am y gwyrthia' yli... Gwbod taswn i 'mond yn codi'n llaw... jyst fel'a!...y bydda 'na rwbath hyll yn digwydd iddo fo... ca'l strôc ella... neu Os-tisio-o-par-o-roses... neu... wbath llawar gwaeth... lot gwaeth... a mwy na lot gwaeth... yn waeth fyth hyd yn oed... neu... |

*LLEU yn dechrau anadlu'n drwm. Mae'r peth du sydd wedi ei gorchuddio/ei orchuddio mewn bag bin sbwriel yn dechrau gwingo. LLEU yn rhuthro i'w gysuro/chysuro.*

| | |
|---|---|
| LLEU: | Bendith y tad i ti paid â styrbio dy hun... 'na chdi... DD dwad w'tho fo... 'na fo... 'na chdi... Paid â styrbio dy hun... Deud w'tho fo DD... sh... sh... 'na chdi 'na chdi. |
| DD: | *(Wrth LLEU)* Ti isio fi dy chwipio di heno i ti ga'l trio cysgu'r nos... |

*(Bag du yn tawelu. LLEU yn dod ato'i hun)*

| | |
|---|---|
| LLEU: | *(Wrth DEIFAR)* Ty'd ma' gin i 'wbath i chdi... |
| DEIFAR: | I mi!... Be' 'lly?... |
| LLEU: | Cwmpeini!... Cwmpeini boi!... Dio ddim yn beth da i chdi fod dy hun sti... |

*LLEU yn mynd i nôl cadair olwyn, yn tynnu gorchudd oddi arni ac yn 'eistedd' ynddi y mae 'gwraig' wedi ei ffurfio o frigau coed, blodau a ffrwythau.*

LLEU:

Gwair a letys a gwsberan
Sbrowts a moron, pys a swejan
Dail ac ŷd a chabajan
Sbia! Sbia! Siâp y fodan:
Brestia', coesa', gên a chlunia',
Llgada, blew a gwefusa'
Lwmp o fwsog, tomato coch
Sbia! Sbia! Gwrid ar foch.

*LLEU yn chwerthin yn bryfoclyd.*

Cwmpeini!... Dynas!... I chdi!

DEIFAR: *(Yn edrych ar y ddynas)* Sgynni hi enw?

LLEU: Blodeuwedd! Be' arall 'sa ti'n 'i galw hi! Ma' hi... Fodan bloda'...

DEIFAR: *(Yn dal i graffu)* Ond ma' hon yn debycach i ddyn... Sbia...

LLEU: *(Yn craffu)* Be'?

DEIFAR: *(Yn pwyntio)* Hwnna!

LLEU: *(Yn craffu'n fanylach)* Y?

DEIFAR: Pidlan ydy hwnna!

LLEU: Ti'n meddwl? *(LLEU yn sbio i fyny ac i lawr ar hyd BLODEUWEDD. Sbio ar DEIFAR)* Lle weli di o 'lly?

DEIFAR: Wel lle ti'n feddwl?

LLEU: *(Ar ôl craffu eto)* Duw naci... pric ydy hwnna.

DEIFAR: Dyna be' ydw i'n 'i ddeud w'tha chdi... Blydi pric ydy hwnna... Fel dy un di a finna'... Sori!

LLEU: Sori am be'?

DEIFAR: Sgin ti un... 'lly... oes?... a chditha'n... bethma...'n dduw ag ati...

LLEU: Oes! Un fawr dragwyddol! *(Saib)* Dyna fo ta!... Mi fodlonwn ni ar ddyn...

DEIFAR: Mi fodlonwn *ni*... Cwmpeini i bwy o'dd gin ti mewn golwg 'lly?...

LLEU: Chdi de!... Cwmpeini i chdi... *(Wrth BLODEUWEDD)*... Te boi!...

DEIFAR: Dynas dwi isio... i nghysuro i a ballu yn y diawl lle 'ma...

LLEU: Mi 'neith dyn yr un peth yn union...

DEIFAR: Na neith siwr dduw... Fedra i 'im... 'im... ych a fi...

LLEU: Ond ma' rhaid i chdi... Pidlan yli... Ma' 'na rwbath... bach... 'di mynd o'i le hefo'r wyrth... Tria dy ora'... Ma' nhw'n deud fod cau dy lygid yn help... *(LLEU yn cau'i llgada ac agor ei freichiau lêd y pen)*... 'and think of England'... fel 'da ni 'di gneud ers canrifoedd... fel ma nhw'n deud: 'inside every Welshman there's an Inglishman trying to get owt'...

DEIFAR: Dynas dwi isio... Merch dlws... Gwalld fel tonna'r môr... Llgada fel briallu... Gwefusa fel mefus... A bronna' bach... y dela welis di 'rioed... fel tangarines... Go damia!

LLEU: Ti 'di bod yn darllan gormod ar yr hen fagasins 'na... 'Mond mewn magasins ma' merchaid fel'a...

DEIFAR: Dwi isio riwin i ngharu i...

LLEU: Wel dyma chdi... Dyma fo!

DEIFAR: 'D y'o... 'd y'o... 'd y'o ddim yn bethma...

LLEU: Lli'!...

DEIFAR: Lli'?...

LLEU: Ia... ty'd ti a lli' i mi... a mi dorrwn ni'r hen beth 'na i ffwr'... A wedyn mi gei di dy ddymuniad yn cei...

DEIFAR: Ti meddwl mai pidlan ydy'r gwahania'th rhwng dyn a dynas...

LLEU: Felly ma' nhw'n deud... os o's gin ti bidlan mi ei di'n bell... os nag o's gin ti un wa'th i ti aros adra ddim... Medda' nhw...

DEIFAR: Ond dwi isio tynerwch a harddwch a ffrwythlondeb... Dwi isio clunia' sy'n chwyddo'n îr yn 'y nylo i a bronna' llawnion...

LLEU: Be' ddigwyddodd i'r tangarines... *(Yn sydyn)* ... Gymri di flancad ta?... blancad fflanalet!...

DEIFAR: Be' gythral 'na i efo blancad?...

LLEU: Well gin ti 'brushed nylon'... Witsia di am bach rwan...

*LLEU yn edrych o'i gwmpas mewn penbleth.*

DEIFAR: Gas gin i 'brushed nylon'... mae o'n glynyd yn 'y nhraed i... Be' uffar dwi'n 'i balu... Dwi 'im isio blydi plancad...

LLEU: Duw sori!... 'Sgynna i 'run... Neith tarpolyn...

DEIFAR: Neith rwbath!... Neith rwbath!...

LLEU: Silc?... Be' am silc?...

DEIFAR: Dwi 'im isio dim byd... dim byd... 'mond ca'l mynd o'ma...

LLEU: *(Yn troi at DEIFAR)* Hi!... Hi sy' isio plancad... Ma' hi'n oer me' hi...

DEIFAR: Ond be' sy' gin twmpath o betha' 'di gwsnio fel'a isio efo plancad...

LLEU: *(Yn gadarn)* Ma' Blodeuwedd yn oer... *(Saib. Yna'n llawn afiaith)* Y?... Be'?... Be' ti'n 'i ddeud, cyw?... *(LLEU yn sbio ar DEIFAR)*... *(Yn amheuol)*... Mm... *(Afieithus)* ... Ma' hi'n licio chdi... Licio dy... dy... llgada di... Ti rêl pisin me' hi... Yn toes hefyd!... d'ylo cadarn ond tyner...

DEIFAR: Be' ti'n 'i fwydro?...

LLEU: Shd!... Gwranda!... 'Di hi 'im isio bod yn ddyn 'chwaith... Lli'!... *(LLEU yn cael hyd i lif)* Gor-ganmol ar beth fel'na, medda' hi... Welodd hi 'rioed be' o'dd y ffys... *(Llifio)* ... Sdi be' ma' hen damad bach fel hyn 'di gneud lot o ddrwg... 'Di dwad a dynion mawr i lawr... politishans a gwinidogion... dentists a ffarmwrs... dynion uffernol o fawr... a dynion uffernol o fach hefyd....

DEIFAR: Dwad a nhw i lawr wrth iddyn' nhw fynd i fyny 'lly...

LLEU: *(Yn rhyw hannar chwerthin)* 'Na chdi dda!... Ia!... Ia!... 'Da ni'r duwia' mor lwcus... Neith hi i chdi rwan?...

DEIFAR: Dwi 'di gweld gwell bwgan brain...

LLEU: Cym' di 'rofol a g'neud sbort... Ti 'di hypsetio hi rwan... Sbia ar 'i dagra' hi'r hen gena'... Dagrau fel petalau... A'i higian crio distaw pell hi... 'Na chdi 'mach i... Mwytha hi'r cena' brwnt... *(LLEU yn plygu braich DEIFAR tu* ôl *i'w gefn a'i wthio yn erbyn BLODEUWEDD)* ... Mwytha hi ddy'das i... *(LLEU yn llacio'i afael ar* ôl *ennyd fer)* Ma' hi'n gofyn sgin ti... sdi... *(LLEU yn pwnio DEIFAR yn awgrymog).*

DEIFAR: Sgin i be'?

*LLEU yn mesur tua troedfedd* â'i *ddwylo.*

DEIFAR: Be'?

LLEU: *(Yn gwneud siâp y geiriau* â'i *geg, ond nid y synau)* Un fawr!

*DEIFAR (yn amlwg ddim yn deall, crychu ei drwyn a gwyro'i ben i gyfeiriad LLEU i arwyddocau: "Be'?")*

LLEU: *(Yn gweiddi)* Un fawr!

DEIFAR: A ma' hynny'n bwysig iddi hi ydy o?

LLEU: Trio dwad i dy 'nabod di ma' hi'n 'de... Yr opyning gambut oedd hwnna... Ti 'di hypsetio hi eto rwan... y pethma i chdi... Ond neith hi fadda i chdi am sws...

*DEIFAR yn sbio i'w unfan.*

LLEU: ...am sws... *(Yn fygythiol)* ... am sws...

*LLEU yn gafael yng ngwar DEIFAR a'i orfodi i'w liniau a'i wthio yn agos i BLODEUWEDD.*

LLEU: *(Yn dyner)* Ma' hi 'di madda' i chdi... *(Saib fer)* ... Efo hwn?... Sgiws mi!... Ma' hi isio downsio hefo chdi...

DEIFAR: *(Heb fflach, yn ddiawydd)* Dwy droed chwith sy' gin i... baglu i bobman... sathru cyrn...

LLEU: 'S 'na 'm byd i'r peth... *(Yn ei unfan ond yn symud ei ddwylo'n rhythmig)* One step... two step... three step... together... One step... two step... three step... together!... Ydy o gin ti?... *(Rwan yn symud ei gorff a'i draed yn hollol rhythmig)* ... One step... two step... three step... together... One step... two step... three step... together... 'Im byd iddo fo... One step... two step... three...

DEIFAR: Fedar cripl 'im downsio...

LLEU: *(Yn parhau i symud)* Be'?

DEIFAR: *(Yn uchel)* Fedar cripl 'im downsio.

LLEU: *(Reit yng ngwynab DEIFAR)* A lle weli di gripl 'lly?

DEIFAR: *(Yn gryf. Yn pwyntio heibio LLEU at BLODEUWEDD yn ei chadair olwyn)* Fan 'ma!

*Saib fer.*

LLEU: *(Yn dawel)* Wel! Ty'd o'n 'ta dwy droed chwith sathru cyrn baglu i bobman... mi fedru di ddysgu'n medru di...

*LLEU yn ei gipio. Dawnsio trwsgl ar y cychwyn yna yn raddol dawns brydferth yn dyfod i'r fei. Y ddau yn symud yn hynod o rhythmig. LLEU yn gwylio DEIFAR.*

LLEU: Ma' hi isio i mi ddeud diolch wrtha ti... A ma' hi am i mi ddeud w'tha ti nad ydy'r ffaith dy fod ti'n gripl yn g'neud dim gwahania'th iddi hi. *(Rhyw chwerthin)* ... Ty'd limosîn...

*LLEU yn ei gwman, ei ddwylo ar agor o'i ôl yn cymell DEIFAR i neidio ar ei gefn er mwyn rhoi pas iddo.*

LLEU: Private nymbyr plates... Ty'd!... i ti ga'l mynd mewn steil... Ref-ref... Ref-ref...

*DEIFAR yn neidio ar gefn LLEU a mae'r ddau yn mynd i gyfeiriad y ffrâm drws. LLEU yn gwneud sŵn car. Gosod DEIFAR i lawr.*

LLEU: *(Wrth gymell DEIFAR i sefyll tu mewn i'r ffrâm drws)* Ddisgybl!

*Y ddau yn sefyll yn y ffrâm drws. Saib.*

DEIFAR: Wel? *(Saib)* Be' sy' fod i ddigwydd 'lly?

LLEU: Ar y rhiniog yn fa'ma... 'mond aros... Yn lle peryg y rhiniog... 'Mond aros...

*LLEU yn sbio'n galed fyny a lawr, hwnt ac yma. DEIFAR yn sbio ar LLEU yn sbio a dechrau ei ddynwared.*

LLEU: Ma' nhw!... Ma' nhw!... W't ti'n 'u gweld nhw... *(DEIFAR yn sbio fel llo)* ... Y wyneba'... cyfarwydd a diarth... *(LLEU yn gweiddi ar rhywun)* ... Gad i mi weld llun fy ngwynab yng nghannwyll dy lygad di a diffodd ar dy amrantiad di!... Chdi!... Chdi!... Fel'na oedd o!... Fel'na!... Hi!... Hi!... 'U sŵn nhw fel sgrwnsian sidan... O!... Na!... peidiwch â mynd... Na!... *(LLEU yn gafael yn dynn yn DEIFAR)* ... Agen!... Yr hollt!... Tybad?... Tybad?... Geiria'n cracio... *(Yn sbio ar ei law a rhwbio'i fysedd yn ei gilydd)*... Plisgyn iaith... Gwisga dy ddychymyg amdanat... Cwch!... Fel glöynnod byw... Rhyddha fi oddi wrth yr ystyron... Ma'n rhaid i ni ga'l storis newydd... Gwydion!... Gwydion!... *(Wrth DEIFAR)* Ty'd!... Ty'd!... Dyro dy droed ar y llwybr... *(LLEU ag un droed i fyny fel ar fin cerdded)*... Ty'd... Yn ieuenctid y dydd... *(LLEU yn dechrau cerdded yn ei unfan. DEIFAR yn dilyn. Stopio)*... Mi wyddwn i... Mae o'n ofnadwy... NACI... Y noethni!... O'r diwadd!... *(Yn dyner)* O'r diwadd... *(Yn troi'n sydyn at DEIFAR)* Be' weli di?... *(DEIFAR yn rhythu o'i flaen ac ysgwyd ei ben yn ddihid i arwyddocáu 'Dim Byd')* ... Gweli!... Gweli!... Deud 'tha' i... *(LLEU yn tynnu DEIFAR ato a sibrwd)*... Deud 'tha' i... Cau dy llgada... Anadla... Mewn ac allan... Mewn ac allan... 'Na fo... Mewn... Allan... 'Na fo... Shd!... Shd!... Be' weli di?... Mewn... Allan... Mewn... Allan... Deud 'tha' i?...

DEIFAR: 'Wbath coch!

LLEU: 'Na fo!

DEIFAR: 'Wbath mawr coch!

LLEU: Ia?

DEIFAR: Llia'n bwr' mawr coch!

LLEU: Ia!

DEIFAR: A ma' 'na rwbath o dano fo...

LLEU: Ia!

DEIFAR: A mae o'n codi am i fyny...

LLEU: Y llia'n bwr' 'ma 'lly?

DEIFAR: Naci... y rhwbath o dan y llia'n bwr'...

LLEU: *(Yn gafael yn DEIFAR)* Paid â chwara' efo fi a sôn am ryw ffwcin llia'n bwr' coch...

DEIFAR: Ond dwi isio mynd o' 'ma... Mynd o' 'ma...

*Goleuo y pentwr o siwtcesys gweigion.*

DD: *(Rhythm trên)* Tjŵ!... Tjŵ!... Trên yn dwad... Trên yn dwad... Trên yn dwad... Tjŵ! Tjŵ!... Trên yn dwad... Trên yn dwad... Trên yn dwad... Trên yn dwad... Tjŵ! Tjŵ!... Tjŵ Tjŵ... Tjŵ Tjŵ... Trên yn dwad trên yn dwad trên yn dwad trên yn dwad trên yn dwad...

*Distawrwydd llethol. Yna un chwibaniad hir trên.*

LLEU: *(Yn dod â'i wyneb i'r fei fel tae o'n cofio)* Ma' nhw 'di dwad... miloedd ohonyn' nhw... yn eu tro... yn y trenau duon, budron... yn y cattle trucks... miloedd ohonyn' nhw... Tjŵ Tjŵ... Tjŵ Tjŵ... Cychod!... Y cychod oedd gynt yn gorlifo hefo pobol, a'r bobol yn gorlifo hefo gobaith am fyd newydd a gwell, bellach wyneb-i-waered ac yn wag yn y dŵr didostur, mewn môr nad ydy o'n malio...

*Saib. LLEU yn gosod coeden fechan mewn pot plastig wrth ei ymyl.*

LLEU: Hen falog!... Dyna ydw i... Cesail hen drempyn... Y cnawd gwydn yn gwrthod malu a'r gwythienna' fel arfar yn gwrthod torri... Tiwbia rybyr hen stôf gas... Dwi isio mynd... Isio marw... Plîs... Bywyd: twll 'i dîn o... highly over-rated... tri allan o ddeg i'r diawl... Ond dyna'r gosb i ni'r duwia'... anfarwoldeb. Pawb yn dyheu am anfarwoldeb, ond wedi ei gael o mi fyddan wedyn yn dyheu am feidroldeb yn ôl. Mi fyddai'n dwad yma i'r berllan aur i ddychmygu'r amsar pan na fydd yna dduw Lleu... Pryd?... Pryd?...

"Aelwyd a chastall
Uffar a sw
Sgweiars a fodins
A halibalŵ!

Astons ac Ashdod
Deigr a dincod
Marw a drewdod
Duw a chwningod."

Trôns wsnos d'wytha... Croen ar asgwrn... Dos yn ôl i dy le gynrhonyn bach... Hen wadan 'di gwisgo... 'Di ymlâdd... 'Ngwyrthia' i'n gwirioni neb mwyach... "Duw ti 'im yn bod"... "Galw hwnna'n wyrth!"... Twît! Twît!... Twît! Twît!... Ty'd dderyn bach... Twît! Twît! Ty'd i grafu hen benglog yr hen dduw... 'Llna' fi'n llwyr o'r holl rigmarôl... Twît! Twît!... Blinga 'nhafod i o'r holl eiria' dauwynebog... Twît! Twît!... Tynna 'mol i'n gria'... 'y mol i sy' 'di teimlo gormod o betha'... symud y budreddi... Twît! Twît!... Paid â gadael 'im byd o'r hen dduw ar ôl... Ty'd dderyn bach... Bydd yn hael... A phesgi os y medri di ar yr hen gadach llawr... *(LLEU yn gorwedd ar lawr)* ... O! dyna braf... O! braf... Neis... Dwi'n mynd... 'Mond rhacsyn o dan yr wybren hyll, wag... Yn mynd yn llwyr... Yn hollol... Pwy ydw i... *(Rhyw lun ar chwerthin)* ... 'Im otj... Fel tasa'r otj am hynny... Cwch... Fel tasa'r otj...

DD: *(Yn gweiddi)* Sbia!... Braich! Coes! Darn o droed!... 'Ipyn o walld... A be' 'sa ti'n i ddeud ydy hwn? Darn o dîn... dipyn o iau... 'ta cidni ydy o dwa'... Hwn?... Y prostate ti'n meddwl?... *(Daw i mewn gyda'r llif tjaen)*

LLEU: Yr hen gena!

DD: Gêm bach?
Gêm bach?
Chwara' gêm?
Ffwtbol?
Ffwtbol?
Ffwtbol?
Rownders?
Rownders?
Rownders?
Isio chwara'?
Chwara'?
Isio?

*LLEU yn codi'n wyllt. Codi ei law. Anadlu yn drwm.*

LLEU: Maip a nionod
Hogan ysgol efo blorod
Chwith 'n gweld
Rwmatig a swigod.

DD: *(Yn dod ato gan roi lli' rhwng ei goesau. Gwenu. Dechrau llifio, yn araf.)* W!... A!... W!... A!... W!...A!... *(Cyflymu)* W!... A!... W!... A!... W!... A!... *(Yn uchel, ffyrnig)* W!... A!... W!... A!... W!... A!... W!... A!... W!... *(Wrth dynnu'r lli'n derfynol o'i goesau un "A" hir. Mynd allan)*

LLEU: *(Yn gweiddi ar ei ôl)* Camu'n ôl a chamu adra'
Camu mewn i'r gwtar gynta'
Watsia di! Ond paid â malio
Sŵn dy enaid di yn cracio.

*Saib.*

LLEU: *(Wrth DEIFAR)* Crynu yn 'i 'sgidia' boi... yn 'i 'sgidia' boi.

DD: Pwy o'dd yn crynu yn 'i 'sgidia' 'lly... boi...?

LLEU: *(Wrth weld DEIFAR yn trio agor y cwpwrdd sy'n hongian yn yr awyr â pholyn hir)* Ty'd o fan'na... y munud 'ma... O fan'na... Munud 'ma!

DEIFAR: *(Yn neidio i fyny a lawr fel rwbath hurt)* Dwi'n mynd... Ready, steady, go... Dwi'n mynd... Rwan... Ta-ta... Rwan... Hwyl... Ta-ta... Rwan...

LLEU: *(Yn cydiad ynddo)* Ond dim y ffor' yna...

DEIFAR: *(Yn ymryddhau ac yn neidio i fyny a lawr)* Pam?... Pam?... Agor y drws... fydda' i ddim traffarth... Dduda i ddim wrth neb... Mynd rwan... So long... ta-ta... gwdbai... long way to go... tip ac eryri... mynd... mynd... mynd... PAM?

LLEU: Dyna'r amod... Yr addewid... Conditions... Y telera'... Small print...

DEIFAR: Pa blydi amod?... Pa addewid?... Addewid i bwy?... Amod gin pwy?...

LLEU: Wn i ddim!... A dwi wedi derbyn hynny, 'rioed... Ma' 'na rai petha'... Hen 'oriad w't ti 'di weld o o'r cychwyn cynta' yn rhydu ar fachyn... Petha' na wyddo' ni ddim be' ma' nhw'n da yng ngwaelod drôr ond 'n bod ni'n 'u cadw nhw am fod rhywbeth yn deud wrtha' ni am 'u cadw nhw... Y math yna o amod... 'Does 'na ddim rheswm nac esboniad... Dim gwybodaeth... Fel'a mae hi... Ond dyna pwy yda ni... Neu i hyn yr yda ni wedi dwad... Ma' bod yma yn gyfystyr â chadw'r drws yna ar glo... byth bythoedd... Ti'n dalld?...

DEIFAR: Ma' gin i isio mynd o 'ma... W't ti'n dalld?... Dwi ddim yn perthyn i fan 'ma...

LLEU: Ac i lle w't ti'n perthyn 'lly?... Gwranda ar y duw Lleu... Yr Ambidybldecyrs... duw y duwia'... rhybuddiaf... by order... ex catheter... listen to me...

DEIFAR: Pa fath o dduw w't ti 'na wyddos' di ddim be' sy' y tu ôl i ddrws pren?

LLEU: Un sy'n cadw dirgelwch yn fyw ac yn sôn am wyrthia' mewn byd drwg ac aflan...

DEIFAR: Ond 'd o's 'na'r un o dy blydi gwyrthia' di'n gweithio... 'Duds' ydy' nhw i gyd... O's 'na riwin 'di deud hynny wrtha' ti... duw drama.

LLEU: A be' ydy'r otj am hynny... Nid rhwbath sy'n digwydd ydy gwyrth ond sut yr w't ti yn edrach ar betha'... Goglais ydw i... Trio g'neud i chdi ddychmygu a theimlo... A chofio... Cyn 'i bod hi'n rhy hwyr... Sbia ym myw'n llygid i... ym myw llygid hen dduw sâl, hen a ffwndrus... *(Yn dawel)* Gad lonydd i'r drws... y!...

DEIFAR: Cythral brwnt!

*Saib.*

*LLEU yn mynd i farchogaeth y ceffyl pren. DEIFAR yn mynd at BLODEUWEDD. DD yn sbio ar y naill a'r llall ac yn gwenu. DEIFAR yn syllu'n hir ar BLODEUWEDD.*

DEIFAR: Be'?... Be' ti'n dd'eud?... Ti 'im yn gweld?... Ti'n ddall?... 'Short sighted' w't ti... Witsia di am bach... Isio dysgu darllan s'gin ti?... Heb iaith heb ddim *(Mae'n nôl llyfr ac ynganu y llythyren C. Rhed yn* ôl *at BLODEUWEDD)* Ia!... Deud ti o 'wan... C... *(Yn* ôl *ag o at y llyfr. Ynganu O. Â nôl at BLODEUWEDD)* ... Deud... O... *(DEIFAR yn mynd at y llyfr. Ynganu C. Dychwelyd at BLODEUWEDD)* Deud ti o 'wan... C... 'Na chdi... Ti'n gedru darllan yli... Deud o 'wan... *(DEIFAR mewn gorfoledd)* Slwt...

*Saib.*

DEIFAR: O ti'n grêt... Fel 'na ti'n 'i licio hi ia... Tits fel melons gin ti... O! O! O! O!... W! W! W! W!...

*LLEU yn craffu. Trio gweld mwy.*

LLEU: *(Ar draws DEIFAR)* Be' ti'n 'neud 'lly?

DEIFAR: Be' 'n gletach?... Fel'a lly?... Fi 'di'r cynta'?... 'Rioed 'di ca'l un mor fawr naddo?

LLEU: Be ti'n 'i 'neud rwan?

DEIFAR: Ti'n llifo fel afon... G'lyb fel cors... Mewn fel trên i'r twnal clên... O! O!... Isio swsio... fel yn y magasins... llifo fel afon...

LLEU: Y?

DEIFAR: Ma' gin ti wefusa' fel grêps... Grêps sy'n odli efo... Neis... Neis... Neis... Licio fo fel'na w't ti... fel'na... fel'na... fel'na... fel'na... fel'na... fel'na... fel'na... fel'na... fel'na... fel'na...

DD: *(Fel MERCH / BLODEUWEDD)* ... Feiddi di dynnu amdanat... Mi oeddwn i'n gwbod dy fod ti'n 'y ngwatsiad i'r d'wrnod hwnnw... Finna'n noeth o dan y goeden yn y glaw... y dŵr yn rhedag i lawr 'y nghefn i... ar hyd 'y mhen ôl i... 'y mronna' i'n diferyd... ngwalld i'n doman... Wyddos' ti am y noethni yna? Ffrydiau'r glaw hyd'o i gyd fel 'tawn i'n llawn cracia'...

DEIFAR: Tynnu amdanach chdi!... Rhigo!... Rhigo!... Amsar yn brin... Tic toc... Rhigo blows... Botyma'n heglu i bobman... Be' dim bra?... Bitsh goman... 'Nabod dy deip di... Rhaw y llaw... Llond llaw o flew fel mwsog llaith... Be'?... Dim nicyrs chwaith... Dim sgert... Dim teits... Dim blows... Dim byd... Doro dy dd'ylo ar 'y nhîn i... Ti'n lwcus... dy amsar di ydy o... Barod... barod... Time gentlemen please... Lovely time... Plîs... Plîs... Plîs...

DD: *(Fel MERCH / BLODEUWEDD)*... yn gorwadd ar ddibyn y traeth gan adal i'r môr dorri rhwng 'y nghoesa' i... Aber... Cwm... Cwpan... Y dŵr yn byseddu 'nghlunia' i... codi 'mhen ôl i fymryn lleia'... chwalu ar y mronna' i... sugno heibio ngwalld i... 'y ngwalld i'n bendramwnagl hyd y tywod fel cadw reiat... sibrwd rhwng y cydynnau... y dŵr fel plancad dryloyw yn 'y mwytho i... y môr yn y motwm bol i fel swllt newydd ei fathu... Wyddos' di rwbath am y noethni yna... W't ti am 'neud cymun hefo fi...

DEIFAR: Do's 'na 'im byd gwell na chroen yn sticio mewn croen... anadlu poeth... ogla chwys... ogla corff... gwthio... pwnio... rhigo... Dy wynab di'n goch fel bitrwt fel 'sa chdi mewn rhyw blydi ras na 'sgin ti 'im gobaith 'i hennill hi... Nid cydio w't ti ond dal dy afa'l... Ti'n meddwl: Arglwydd dwi'n mynd i ddwad ta be'?... 'Da chi'ch dau yn stemio... Yn damp... Yn sticio... Nid fel hyn ma' hi yn y magasins... A ti isio pastio gwynab riwin arall arni hi... Ti'n trio 'i dychmygu hi'n cerddad ar draws catwoc dy chwant di... Ond y cwbl w't ti isio'i 'neud ydy medru gorffan... A mae o'n digwydd... ffrwd wantan... Ti'n rowlio oddi ar 'i phen hi a thuchan a chw'thu fel 'sa chdi'n mynd i ga'l atac o rwbath... "Iesu!", medda chdi'n ymladd am dy wynt, "Iesu!"... A ma' hitha' wrth dy ymyl di'n 'lyb i gyd... ac yn llonydd... llonydd fel corff... ac yn diferyd... yn sbio i'r siling... a'i llonyddwch hi'n holi:... "Be' uffar ddigwyddodd jyst rwan"... A ti'n teimlo y dyla chdi gynnig talu iddi hi...

DD: (*Fel MERCH / BLODEUWEDD*) Cydia yn y cnawd chwyslyd, cleisiog, briw llawn dyhead yma... Cau dy llgada... Cydia yno' i... Cau dy llgada... Rwan... Fel'na... 'Na chdi... Fel'na... Dychmyga dy ffor' tu hwnt i 'nghawd i at fy noethni i... Isio fi heb 'y nillad o'dda chdi 'rioed a finna isio noethni... wyddos di am y noethni yna? Gad i donna' dy wefusa' di dorri ar erchwyn fy nghalon i... Ty'd i rod planedau fy ll'gada i... Rho gwmwl o wlân gwyn, gwyn yn obennydd i mi... dail yr hydre'n wrthban drosto' i... a rhaeadra'n ffrils o nghylch i... Ty'd... ty'd i orwadd wrth yn ochr i... Cwpana fy mronna' i... Tylina fy nghlunia' i... Ty'd o hyd i'r "Aa!" ofnadwy rhwng 'y nghoesa' i... Gwgws mêl!... Gwgws mêl!... Rêl cont ydy pob dyn...

*Pawb yn llonydd. Saib hir. LLEU yn mynd i eistedd ar doiled. DD yn gosod toiled i DEIFAR a'i annog ato fo.*

*Saib.*

DD: O ia!... A be' sy'n mynd ymlaen yn fan hyn... 'Rhen ddwrn?...

*DD yn ysgwyd ei ddwrn i fyny a lawr yn gyflym. Mae o'n chwerthin. Gosod ei set doiled ei hun.*

DD: 'D'ydy nhw byth 'di ca'l hyd i'r boi 'na na'r ddwy 'na o'dd efo fo... Helicoptyrs yn fflio nôl a blaen hyd y llyn... Cychod yn bobman... Polîs... Ma'r hen lyn 'ma 'n rhy ddyfn... Fi geith hyd iddo fo'n diwadd... Fi sy'n ca'l hyd i bob dim yn diwadd... Yn hualau'r chwyn... yn penidilio'n ara' bach yn y cerrynt... 'i llgada fo fel peli ping pong... a'i geg o ar agor fel 'O' mawr...

LLEU: "O! Naci!" ta, "O! Bendigedig!"?

DD: "O wel!"... boi... "O Wel!"

DD: *(Wrth LLEU)* Pa liw o'dd ll'gada dy wraig di?... Glas?... *(Cymryd arno daflu rhywbeth i LLEU)*... *'Ma* chdi!... Catch!... *(LLEU yn mynd ati i'w ddal. 'Does yna ddim byd i'w ddal wrth gwrs).* Ges i di tro 'ma 'n do! *(LLEU yn rhythu'n ffyrnig arno)*

DD: *(Wrth DEIFAR)* Tisio papur?

DEIFAR: 'Dwi'm yn barod... Ti isio...

DD: Be'?

DEIFAR: Papur.

DD: Ma' gin i beth yn fan 'ma... 'Rhen beth cras 'na...

DEIFAR: Y?

DD: 'Rhen bapur cras 'na ydy o... fel 'grease proof paper' yn rhigo dy dîn di'n g'ria'... 'S'a ddim gobaith ca'l y peth pinc meddal neis 'na yn fan'ma...

DEIFAR: A chi bach yn weindio'i hun yno fo...

LLEU: *(Yn rhoi papur pinc i DEIFAR)* 'Ma chdi... Presant am 'n bod ni'n ffrindia'... Am nad w't ti byth yn 'y mhrofocio fi... Gwyrth wrth gwrs troi papur cras yn bapur pinc... Dwi 'di cadw hwn yn ddiogal... a mi fyddai'n rhwbio moch efo fo amball dro... jyst rhwbio...

DD: Boch dy dîn 'ta boch dy wynab... os w't ti'n gwbod y gwahania'th... Cadw dy bapur pinc...'d o's 'na 'im byd yn dwad...

LLEU: Tan 'fory...

DD: Tan 'fory...

DEIFAR: *(Wrth LLEU yn angerddol)* Cydia yno' i... Bendith dduw i ti cydia yno' i... Na paid!... Paid!... Dwi'n mynd... *(Mae'n codi a'n sylwi ar y ceffyl pren.)* Duw ydw inna hefyd... Duwies fel mater o ffaith... Epona... Ddrwg gynna i imi'ch twyllo chi... Sori... So sad... Uffernol o sori... Hen dric budur... Dan dîn... Ddylia 'mod i 'di deud ynghynt... Dwi'n mynd... Mae'r dduwies Epona yn mynd... *(Mae'n eistedd ar y ceffyl a'n gwisgo penwisg EPONA. Gafael yn y brwsh)*

LLEU: Nag w't!

DEIFAR: Dw i'n mynd!

LLEU: Nag w't!... DD!

*DD yn clirio'r toiledau.*

DEIFAR: Cadw dy facha oddi ar y dduwies Epona...

LLEU: Ti isio rest washi... DD!

DEIFAR: Ma'n rhaid i mi arwain y meirwon... Dyna 'ngwaith i...

LLEU: Ti ''im yn dda... Gorffwys di... DD!

DEIFAR: Cannoedd... miloedd ohonyn nhw...

LLEU: Ond 'di hi ddim yn ddau o'r gloch eto... DD!... Be' ti'n ddeud?... DD!...

DEIFAR: O'r ffwrneisi a'r ffosydd, o'r moroedd... Ma'n rhaid i mi fynd...

LLEU: 'Do's 'na ddim dihangfa o fan'ma... Cwcw a hebog
Saim ar 'n ffedog
Tylluan ac eog
Gwn a bidog.

DEIFAR: Mi fydd y duwiesau Rhiannon a Goewin yno o 'mlaen i...

LLEU: 'D o's 'na 'mond un ffor' o fan 'ma... Plu hyd yr hogan!
Bitsh! Hen hoedan!
Cadw'r newid! Paid â sôn!
Fan'ma: cynthron!

DEIFAR: Yn waed i gyd... yn bydredd ac yn ddrewdod...

LLEU: Gad i mi roid injection bach i chdi...

DEIFAR: Mynydd o siwtcesys gwag...

LLEU: Chei di ddim mynd... Y peth mawr ydy'n bod ni'n aros hefo'n gilydd... 'close ranks'... Ma' hi'n saffach felly...

DEIFAR: Ar y gorwel... ddiwedydd... yn symud... llinell ddu ddiddiwedd ohonyn nhw... yn famau... yn dadau... yn blant... yn hen... yn ifanc... yn noethion... wyddost ti rwbath am y noethni yna...

LLEU: Nytar!

*EPONA yn rhyddhau ei hun o afael LLEU, yn neidio a'n taro drws y cwpwrdd.*

EPONA: *(Gweiddi)* "Mynd o' ma..."

*Y drws yn agor. Mops, brwshys, tuniau paent a pholish, dystars, bwcedi yn disgyn allan. LLEU ac EPONA yn fferru.*

*DD yn creu sŵn drymio: Dwm!... Dwm! ac ati fel o'r blaen.*

*Sŵn hofrennydd. Sŵn cychod modur.*

*DD yn tynnu penwisg EPONA a wyneb DEIFAR yn waed i gyd.*

LLEU: Bendithion a grasusau!... Miraglau!... Paid ti â bod ofn gofyn am 'im byd washi... Mi fedar y duw Lleu 'neud 'wbath... Cofia di hynny... 'Mond gofyn!... Bendithion a grasusau!... Miraglau!... Licia di rwbath bach i dy ginio?... 'Sgodyn bach?... 'D o's 'im rhaid i mi ond wislo... a mi fydd y lle ma'n heigio o bysgod... 'mond yn rhy falch o'r cyfla i ga'l 'y ngwasnaethu i yli... Ta 'sa well gin ti jopan fach? Ond paid ti â gada'l i mi roi geiria' yn dy geg di rwan... Bendithion a grasusau!... Miraglau!... Mi roswn ni lle 'da ni yn fan hyn am funud bach... Gas gin i gyrra'dd rwla sti... Y mynd ydy'r peth i mi... y siwrna'i hun... Mi fydda' i'n troi'n ôl cyn cyrra'dd... 'Sa well i ni droi'n ôl dwa'?... Fedra i rifyrsio'r jeep yn fan'ma ti'n meddwl?... Mi fydda three point turn yn gythral o job... Ydy hi'n dywyll 'ta fi sy'n meddwl... Witsia di ma' gin i fflashlamp yn rhwla... Lle ma' hi dwa'?... O dwi'n cofio...mi o'dd y batris 'di tampio a ddois i 'im a hi hefo fi... I be' 'n de?... Ond paid â phoeni ma' gin i rwbath gwell... Haul!... Mi fydda i'n codi hwnnw'n y munud... 'I godi o o 'mhocad 'sti... 'Do's 'na 'im hâst ysti yn nago's... Ond paid ti â phoeni dwi'n medru rhoi petha' mwy na haul yn 'y mhocad... mwy na marwola'th hyd yn oed... Bendithion a grasusau!... Miraglau!...

Triog a sanna'
Blawd a bloda'
Ma' gin i'r gallu
Llew a ballu.

Ti'n dallt?... Yn 'y mhocad i, washi... Yn y mhocad... *(Saib)* Damia!... 'R hen drwsus 'na heb bocedi sy' gin i amdana heddiw... Ond wa'th ti befo... 'S'im rhaid i mi ond chw'thu... 'Mond chw'thu, boi...

Ha'n darfod
A wiwar
Guten nacht
A bonjiwyr
Hen gig
Yn pydru
Ar damad
O sgiwar!

... Deud w'tha chdi'n 'dôn!... 'Mond chwthu a mae o yn 'y mhocad i... 'Na chdi... 'Na chdi boi... Gorffwys di arna i...

'Rhen ysgwydd 'ma'n obennydd go-lew i ti gobeithio... Mi fyddwn ni'n iawn efo'n gilydd 'sti... Duw byddwn yn tad... Gad i mi roi sws i chdi... Sws glec... Welith neb 'sti... Dwi 'di bod isio rhoi sws i chdi ers meityn iawn... Pa feidrolyn y gwyddos' di amdano fo y medar ddeud iddo fo gael cusan gan un o'r duwia'... y?... Na, 'da ni 'misho nhw sdi... Gad ti nhw fod yn y magasins... 'Mond chdi a fi... 'Nawn ni'r tro'n iawn... Gnawn 'ntad... Hancas bocad fudur, taffi triog 'di meddalu a marwola'th yn fflatan rhwng y ddau... dyna chdi uffar o bocad dda... uffar o bocad... Ti'n iawn yn fan'na'n dwyt?... Dwi'n dy deimlo di'n gynnas... Fawr o dro rwan... Pan ddaw pelydr cynta'r haul i'r fei... yr un gynta' un cofia di... mi fydda i'n torri modfadd a thri chwartar ohoni hi... 'i rhoi hi yn 'n ffiol... lle ma'n ffiol i dwa'?... fy ffiol sydd lawn... a'i thoddi hi yn nŵr swyn y llyn 'ma... wedyn rhoi'r concocshyn ar dy wefusa' di... a mewn chwinciad mi fydd dy galon di'n curo fel 'washing machine' a'r gwrid yn blastar coch ar dy foch di... Toc... yn y munud... Dwi ddim am ruthro'r hen haul heddiw... Dwi am ada'l iddo fo... gymryd ei amsar... 'N curo fel washin mashin, boi... Nachdi... Gad i mi dy dynnu di 'ipyn bach yn nes ata' i... Nachdi... 'Sdi be'? Mi o'n i isio 'sgwennu wbath i lawr gynna'... A dyma fi'n chwilio yn 'y mhocad am feiro... reit handi dyna lle ro'dd hi... Beiro!... Beiro!... Mhidlan i o'ddi... Ma' hi ar ben arno ni pan w't ti'n camgymeryd dy bidlan am blydi beiro... Ew ti'n oer washi... Oer fel carrag... Witsia di i mi ga'l cnesu'r dŵr 'ma...

Eryr yn y dderwan
Poetha'r dŵr! Rwan!

Duw dyna fo... Mi fydd hi'n boiling point yn y munud... boiling point... Hotpoint...

One hundred degrees
There's a god in the trees.

... Witsia di... O's gynna' i wbath yn 'y mhocad gei di dwa'... Nag o's... Mhocad i'n wag... 'n wag, boi... Ma' hi'n go dlawd arna' i heddiw ma' gin i ofn... Fawr o 'im byd i mewn... Rhyw dŷ Edward 'lly... Ond ma' gynno ni'n gilydd... Sdi be'...tasa rhiwin yn 'n gweld ni rwan mi fydda nhw'n deud... "ylwch ar y ddau yna... 'rhen beth tew 'na"... amdana i sdi... "fel bŵi... a'r hogyn bach 'na"... chdi 'dy hwnnw... fel cwch bach... y gwch fach ddela welsoch chi 'rioed yn sownd wrtho fo"... Dewcs byddan... Dyna fydda nhw'n 'i ddeud 'sti... "Y gwch fach ddela welsoch chi 'rioed"... Fel dau gariad... *(Y golau'n diffodd yn llwyr)* ... Duw cwch 'dy nacw dwa'... Cwch o Afallon!... Ew! ma'n rhaid 'n bod ni'n bwysig i ga'l cwch o Afallon i ddod i'n nôl ni... Ond wa'th i mi ddeud y gwir wrtha ti ddim... fi sy' 'di hordro hi 'sti... syrpreis bach i ti... Duw ti'n oer washi... ac yn drwm... fel talp o haearn... Ty'd yn nes ata' i. Ma' gin i ofn na fedra' i 'im dy ddal di'n hir washi... Lle ma'r gwch 'na 'di mynd dwa'... Ddaru 'na neb arall ordro cwch ar yr un d'wrnod decin i... Sdi be' fedra' i 'im teimlo nghoesa' a ma' mreichia' i fel lèd... fel lèd... *(Saib)* Ma' nhw'n drech na ni... 'Dy'r haul 'ma ddim yn dda heddiw dwa'... am aros yn tŷ i swatio mae o... cythral powld iddo fo... Faint ydy hi o'r gloch gin ti rwan?... Na paid â phoeni... hen straffig i ti chwilio am dy watj... Fel tasa ni'r duwia' yn poeni am amsar... 'Dy hi'n ben set dwa'?... Pa dduw 'y'da's ti oedda ti hefyd... 'Rioed 'di clwad amdanach di cofia... "Eboni" ddudas ti... O'n i'n meddwl ma' pren o'dd hwnnw. "Drycha mae o 'di 'neud o eboni yli," medda' nhaid... Be' o'dd 'di 'neud o eboni dwa'?... 'Dy o'n dduw Cymraeg yndyo?... fel Iesu Grist... 'Sdi be' boi prin y medra' i gadw'n llgada ar agor... Be' ydy hwnna dwa'?... Glywi di wbath?... Hen sŵn hisian... Ma' mraich i'n dal amdanat ti mor dynn ag y medra' i... Ydy mraich i amdana ti yndi hi?... Gl'wis di o eto? *(Llais LLEU yn gwanio)*...

Gwranda!...

Be' ydy o dwa'?... Cwch?... Rho dy dd'ylo yn 'y mhocad i i ti ga'l cnesu... Fel washin mashin... 'Mond 'boiling point'... Hotpoint... Eboni... Heboni... Hen dderyn bach... Mi ddydodd hen dderyn bach wbath w'tha i unwaith... Hen dderyn bach sy' 'di deud w'tha' i... Hen dderyn bach... Heboni...

**DIWEDD**